AF607296

Doce años saltando a las letras hispánicas
2014 - 2026

Colección Poesía

De algún metal en llamas

JUAN PABLO ROA

Imagen de la portada:
Fotografías de Juan Bautista Durán

Diagramación: Roger Castillejo Olán
Impresión y encuadernación: Romanyà Valls

c/ Muntaner, 178, 5º 2ª bis
08036 Barcelona

Primera edición: abril 2026

ISBN: 979-13-991779-1-6
DL: B-6.558-2026

Índice

[Corres hacia otra luz]
[Desea lo imposible]
[Jardín ardiente en cuyo centro]
[¿A quién pedir consejo]
[Cuatro preguntas]
[Dicen que son dos los caminos]
[Somos tres dentro de una misma horma]
[Los mangos]
[Un nombre que al decirse]
[Convertir en vida todo lo que transcurre]

No es el tiempo, es la repetición;
no es la vida, es la página en blanco
a la espera de la mano que escribe.

Para que las palabras
sean de tierra y no de aire.

Yo te saludo, Gran Cometa Halley,
aunque jamás te vi
ni las grandes ciudades de cristal soñadas
por el pavor que te precede.

Mi modernidad es de plástico
y de plástico son mis sueños,
mi Gran Cometa Halley.

Y sin embargo te saludo,
yo que jamás presencié los albores
de la Torre Eiffel y el peso de sus metales
ni pude saludar las alturas
del célebre Empire State Building.

Yo mismo, te lo quiero repetir,
te saludo, aunque jamás
haya visto al gran *Titanic* hundirse
ni al Taj Majal de grandes marajás
henchirse de zafiros y rubís.

Antaño soñé con huellas de yeti
o la cabeza verdeazul serpiente
del monstruo de Loch Ness y su laguna;
Kalimán, Supermán

y el justiciero Batman
poblaron mis estantes
y los de mis tíos maternos
en olor de santidad.

Pero mis sueños son de plástico barato
y el vil céntimo es parte que hoy nos preocupa;
nuestros mitos van hacia el matadero
en sus lomos llevan inscrita
la fecha de caducidad.

Y sin embargo
yo te saludo,
mi Gran Cometa Halley.

En mi familia nos dieron Gato por Liebre,
mi grande y querido Cometa Halley,
cuando quisimos acercarnos
al corazón del siglo XX
y a la reconstrucción de sus metales.

Nos dieron plástico
y con él nos amamantaron,
nos hicieron golosos
y nos criaron con grandes pócimas
de amnesia
para olvidar y desear
al mismo tiempo.

París, Nueva York, Roma incluso,
el Big Ben, y por supuesto el *big bang*,
el Parque del Retiro igual
estaban en el mismo Centro Comercial
en donde el Gran Crucero de Ultramar
alimentaba ya nuestros recuerdos de futuro.

Pero nos dieron Gato por Liebre, mi Grande
y querido Cometa Halley.

Cuando llegamos a las ruinas
el museo que siempre
quisimos visitar
estaba cerrado y en su lugar
un sucio cartel de SE VENDE
allí nos esperaba.

Pero no seamos injustos,
en sus salas de espera
pudimos conocer
el Jurassic Park y las maravillas
—de plástico también, como mis sueños—
del Disney World
y sus fantásticos fantasmas.

Había también allí una enorme réplica
de tus destellos,
mi Gran Cometa Halley,
en purpurina y fósforo encendido
y el espinazo de plástico y vida digital.

Todo ello en un mismo sitio,
el Centro Comercial de marras,
en donde no parecen existir
ni la amnesia ni mucho menos el olvido,
porque la Mano de Dios Todopoderoso
se hacía campo a cada cinco metros
bajo el aspecto de una tienda
de *souvenirs*.

Pero yo te saludo desde aquí,
mi Gran Cometa Halley,
y te ofrezco la Sagrada Familia
en resina de última
generación,
camisetas del Barça
a mitad de precio pero con el mismo fulgor
de las que usan en el Camp Nou
los jornaleros del deporte.

También te ofrezco,
mi Gran Cometa Halley,
la Torre de Pisa y un DAVID veneciano
(o el Taj Majal en miniatura)
fabricado en China y barnizado en la India
por manos que otrora fueran
tan sólo manos campesinas.

Porque mis sueños son de plástico,
mi Gran Cometa Halley,
y jamás podré dar al mundo

la vuelta completa en ochenta días,
porque tamaña lentitud,
mi Gran Cometa Halley,
no se le puede permitir
a los turistas que somos, de pacotilla,
a menos de que nos ampare
un maravilloso viaje solidario
en el que podamos descubrir
—bien exhibida y limpia de residuos—
la pobreza que en coro hemos de alabar,
un pasmoso viaje solidario, decía,
en donde poder comprar otros *souvenirs*
que no son de plástico ni resina
sino de babas y de labia,
de caridad cristiana
y otros sofismas de mejor calidad,
porque eso somos, mi Gran Cometa Halley:
plástico efímero que nunca muere.

A las afueras de nuestros museos
crece como hierba silvestre la Verdad
pero nadie la quiere oír;
una enorme y serpenteante fila
que corre con delirio,
tragedia tras tragedia,
evento tras evento,
a pagar y a dejar propina
de una taquilla a otra con un solo clic.

Por eso hoy yo te saludo,
mi Gran Cometa Halley,
aunque nunca te vi,
en la mañana fresca y solitaria
de hoy viernes 5 de junio
del veinte veinte,
para mayor seña y alegría del pueblo.

Desmedidos sueños que ya son nada

Al repudiar los ritos, el hombre se reduce a animal que copula y come.

NICOLÁS GÓMEZ DÁVILA

Entre tú y yo
querido lector, querida lectora,
yace un pacto secreto.

—Es la escritura

que no se rompe
si conseguimos evitar nombrarlo.

Es producto de la lectura
y del ermitaño sociable
que vive en nuestro adentro.

A él dedico todos mis esfuerzos,
hacia su meca yo dirijo
toda la genuflexión de mi cuerpo escrito.

I

El oleaje:
la voz de los amantes,
mar que no vuelve
y un saber que crece como la noche.

II

Así la vida.
Sus orillas de mundo
y nosotros dentro.

Fuego sin ley: la noche.

III

Agosto:
última luz
de las briznas al viento.

Es como la dorada estación
en la que el cuerpo sabe
su movimiento;

allí la mano, lo que se respira
está al alcance del deseo.

Como esperando
una canción del alba,

un hondo cielo
con pájaros o nubes
aligera su paso.

IV

Lo que no tiene nombre,
como el que encuentra
una puerta cerrada,
lejos, entre la niebla.

V

Hay quienes buscan
una orilla sin nombre
una certeza.

Pero la vida es una playa,
apenas lo que resta,
silbar
entre las piedras.

VI

Hay un agua lejana, de otro tiempo;
bello es lo que sucede.

¿Quién es el que no cree
en la danza de lo que va y vuelve,
en las raíces que mudan su morada?

Bello es lo que sucede,
lo que viene del país de la nada.

VII

Decir lo indecible en los jardines nocturnos.
Fuego sin ley: la noche;

en mi jardín nocturno
cuando el calor amaina
un saber que crece como la noche.

VIII

Lo que precede a toda poesía,
la sangre, la sed y un abecedario
sin nombre.

¿Quién no cantará
como ventana abierta al mar?

¿Tienen memoria
los ríos?

¿El lirio palidece
de asombro?

Preguntas sin respuesta
en una era sin respuestas.

Es la hora en que toda incertidumbre
busca la flor perfecta,
la tipografía del lirio
ante las puertas del asombro.

Volver a los vientos de madrugada,
recuperar la danza
de círculos concéntricos
donde desmesuradas manos
recuperan el ritmo de las brisas.

Ésta es la hora, ha llegado el momento.

Volver al principio donde todo comienza,
dar cuerda a las manecillas del tiempo nuestro
hasta encontrar el paso verdadero,

el espejo de sastre
a nuestra imagen
y semejanza.

Volverá la hiedra a cubrir el muro
pero el tráfico y los negocios
serán vagones sin destino
al alcance de nuestra mano.

¿Y del deseo?
—Un día será
la clara sombra
de la brisa en la llama.

Ésta es la hora, ha llegado el momento.

En la mañana clara
aullará de nuevo la llama
de los sueños, y el día
será un claro reflejo
de lo que la noche le cuenta al día.

Hagan silencio, nos dice la noria.
Ésta es la hora, ha llegado el momento.

Por fin el pensamiento vaga
sin reposo, sin tiempo,
a orillas del rescoldo
de fértiles hogueras
al viento.

Es el principio para una nueva humanidad.
«Pero mejor callemos»,
dice el auriga;

«hagan silencio», nos dice la noria,
«ésta es la hora, ha llegado el momento».

Ligeras cortinas de blanco humo
cantarán el pantone azul de la mañana
y la vida dejará de vendernos
a crédito de la esperanza
los retales al por mayor de la felicidad.

Bastará lo que la mano pueda alcanzar,
viviremos en alcanfor de eternidad.
Pero hasta que no llegue

la hora,
por la quietud del campo
el pensamiento vaga
en busca de una nueva
ciudad
con trinos,
con cantos,
con algarabías sin fin
de patios escolares
y llantos que nos puedan restaurar.

Hoy crecen flores de lento retoño,
incendios, banderas, rebaños
efímeros del cielo,
extrañas poleas que rigen
astros que se sublevan
a la vigilia de los aires.

«Hagan silencio», nos dice la noria,
«ésta es la hora, ha llegado el momento».

Como el velamen
que se resiste a la fuerza del viento
para huir;

así, una escritura
que huye, que resiste
los embates del tiempo
sorteando piedras del camino.

Bellas sonrisas legislan sobre la usura
y no le temen al paso del tiempo;

de los creyentes
reciben su tributo;

legislan como el dorso de los mares
sobre los barcos y su múltiple
destino

abrazan fetiches caducos
sin despertar la cólera del padre,
pero ¡ay de sus vidas!
el día en el que les tocan
el arca y sus haberes.

Estatuas de bronce con pies de plomo,
jauría para la reyerta de la noche,
carne de cañón al servicio
de la moneda, de la usura,
del doblón que jura sobre la eternidad.

Somos despojos de grandes navíos.
Pasamos la vida corriendo
bajo grandes cubos de agua,
corriendo,
afanados en apagar
un incendio de cuyas brasas
somos la noche y sus cenizas.

¿Cómo convertir las ganas de mundo
en propiedades, electrodomésticos,
como quien dice, una tostadora
de marca a prueba de balas?

¿Cómo hacer de la suela trotamundos
un aire ufano que respire bosques
y al igual que un pájaro carpintero
picotee de las migajas del comercio?

Compensar algo de juventud con delirio
y decir sin alguna humildad
«estos pasos, este afán de volar

»son la misma humanidad que descalza
dice sin amago "ésta es mi voz,
éstas mis ganas de mundo"».

¿Alguna vez llegaremos al Sur?
No llevaremos siquiera raíces,
ni recuerdos, nada que se parezca
al pasado, nada que se parezca
a nada.

Quien mil veces lo intenta
lo hará porque al Sur no quiere llegar;
hará bien porque nadie sube al carro
que no le toca
(y aun quien ve claro
a nuestra casa viene).

Muy claro lo dice el carro en su insignia,
en su escritura con aires del Sur:
«pasa, pasa de igual manera
el mundo
y abre las ventanas de nuestra casa».

No hace falta que sea Carnaval;
un carro pasa
y un no sé qué
de incertidumbre
nos dice algo conocido
de su cochero:

lo conocemos, lo hemos visto
pero no lo podemos recordar.

Es la fiesta del fuego,
es una gran hoguera
que celebra los fuegos fatuos.

Y mientras pasa el carro
el aguafiestas nos pregunta:
«¿pero llegaremos alguna vez al Sur?».

La palabra aprendida la primera noche,
en la primera estación del verano,
cuando los primeros colores
eran el mundo y su medida,
ahora es la noche.

Era fácil hallar el fruto del verano
y tocar con la mano la quietud del aire
o llevar ese mundo nuevo
hasta los labios del deseo.

Noche tropical que sigue siendo el verano
con sólo recordar palabras como *noche*,
verano, horas de la madrugada
en las que el mundo y su medida
eran el mundo entero
aunque inconmensurable.

Por eso decir «el verano»,
es decir *verano*, *noche*, *venablo*,
palabras que eran la carne del deseo,
y decir su nombre, sembrar sus frutos.

Toda escritura en un poema
es una casa vieja
que sacuden los siete vientos;

sus muros pueden ser atroces
o ufanos,
alegres canciones pueden acicalar
sus muros y sus muebles,
pero siempre deja un resquicio
de heredado misterio,
como quien arrastra una carreta
en las páginas de la noche.

El poema deja siempre una puerta abierta
que arrastra entre pedruscos
fuegos fatuos, aullidos,
máscaras cambiantes del fuego
y viejos artilugios de oficina
que nadie usa
pero traen a la memoria
extraños sortilegios
de quien le pone el nombre de los astros
a las herramientas sencillas
de cada día.

En escritura solitaria entre las piedras,
entre los cipreses oscuros
que pueden ver al más allá,
en las espuertas incendiadas
de velas y ciudades
que se consumen como los pabilos
en el atardecer de un verano de siglos,
el poema es una canción que inventa
los acordes y las corcheas del futuro.

Toda escritura de un poema
exige la penumbra
y el tornasol
de la luz al pasar entre los árboles
y la quietud reconcentrada
de los minutos que trazan el tiempo
entre el amanecer
y la caída de la noche.

«Para protegerme de la intemperie
escojo el consejo de los muertos.»

Tren a ninguna parte
dentro del más allá del más allá,
donde no caben imaginación
ni raíces o arraigos
que no sean la misma nada.

Más allá del borde mismo de la ilusión,
a la intemperie de la intemperie,
tren a ninguna parte,
la vida al otro lado
de la frontera
es casa a cuestas, casa caracol
que a todas partes va contigo,
casa árbol con raíces en su raíz,
ancla de una memoria cambiante
que trueca desarraigo por paisaje.

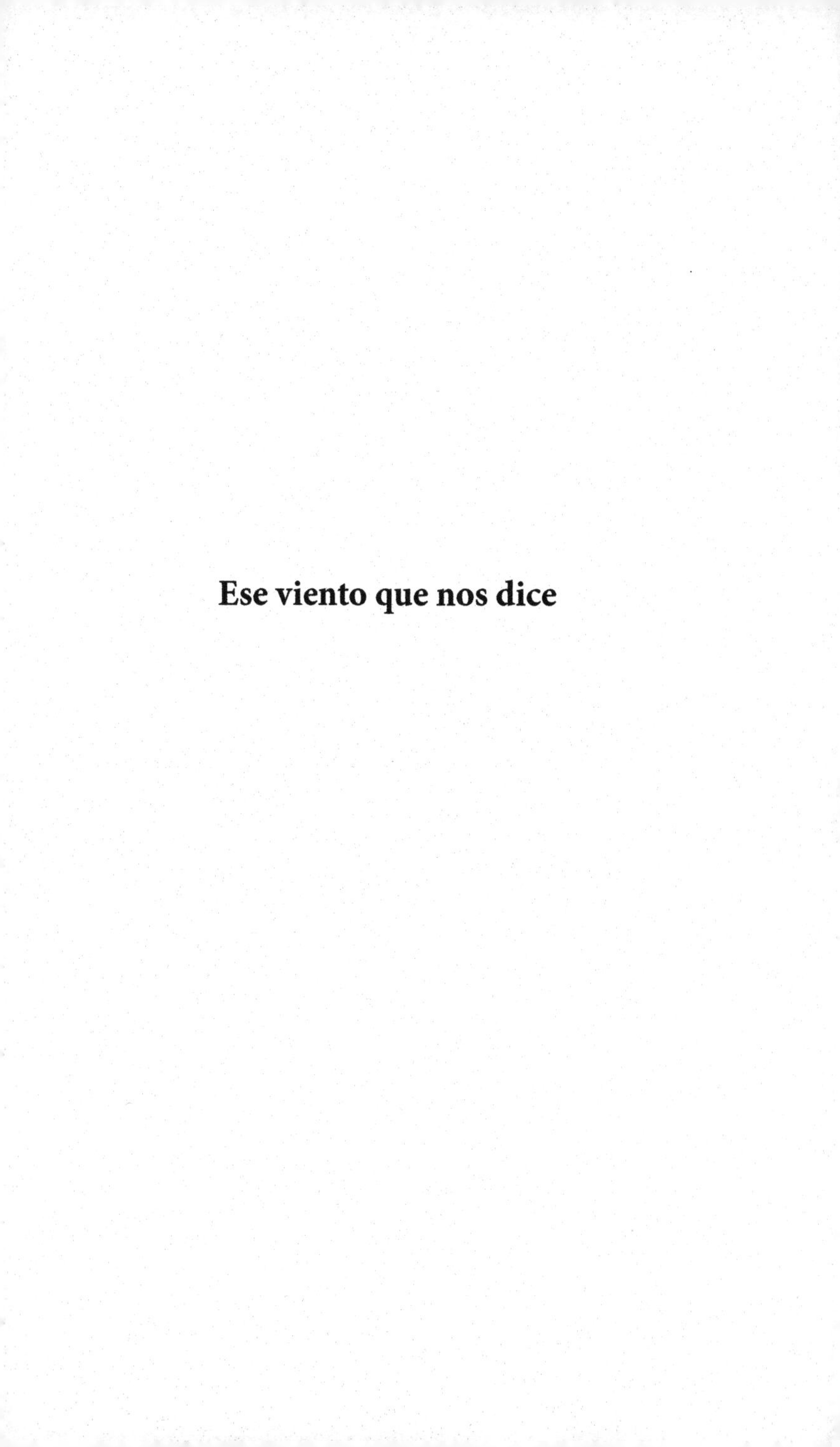

Ese viento que nos dice

¿Tiene la vida una raíz
de donde brota?

Hay animales que buscan la lluvia,
aves migratorias que buscan
la calidez propicia
para criar las plumas que serán el futuro,
la hojalata ciega de la reproducción;

la noche sabe,
la noche avanza,
la noche crece
como un palacio levantado
con telas del Oriente;

sin fondo nos miran los astros
colgados de la nada sideral.

Hay animales que buscan la lluvia,
peces de comarcas exóticas
que terminan sus vidas entre acuarios
y ojos extasiados que los observan
como pan de cada día al alcance
de la mano, del gesto involuntario
que son, el uno sobre el otro,
hasta que la herida del tiempo
modele, entera, una vida,
un gesto solitario

que dice «éstos han sido mis días,
éstos mis huesos».

Hay animales que buscan la lluvia,
peces de comarcas exóticas
que viven en las afueras del mundo,
pero ¿quién pide volver a los huertos
en donde el pan era *pan*,
el viento, *viento*
y el viaje una promesa
a bordo de vagones sin destino
hacia las remotas provincias
en donde residía la vigilia de los vientos?

Nadie quiere apacentar las soledades.

Hay animales que buscan la lluvia,
peces de comarcas exóticas
que viven en las afueras del mundo,
a bordo de vagones sin destino,
pero ¿quién pide volver a los huertos
en donde residía la vigilia de los vientos?

Con vasijas al sol,
con flautas a la noche
yo levanto mi ofrenda
y dejo el corazón latir en libertad
en donde sólo se puede extender
el primer círculo del día.

Nadie quiere ya apacentar las soledades
y sin embargo existe el ave migratoria
que busca las lluvias del Sur,
el manantial oscuro de la rosa de los vientos;
animales en busca de la lluvia,
peces que buscan comarcas exóticas
y gentes que habitan las afueras del mundo,
pero nadie puede apacentar soledades.

La vida bien podría ser un inventario
colmado de silencio
hasta el punto de que tu palabra doméstica
muestre por fin sus huesos
en el colibrí del jardín
donde aprendiste la palabra *néctar*
y la gramática primera
en donde el brote y la semilla
se conjugaban en la piel de los jardines.

La vida bien podría ser un inventario
en el que el corazón y el lápiz pudieran enumerar
la fascinación con piel de luciérnaga
y con la cola apenas suelta
de la lagartija que huye en el verano,
con el asombro niño que acaricia
su primera adormidera,
con el temblor de la primera música
que nos redime,
en versos de trece sílabas contenidas
como corsé de ese imposible diccionario.

¿Cómo traer esos perfumes
hacia la mesa del estudio,
de aromas simples
como el pan de maíz?

De qué me sirven
ahora
palabras como *fósil*,
palabras suspendidas
como columpios
entre dos grandes árboles,
palabras que llevan encima
el primer eclipse que las nombró.

Hojas en blanco,
cifra de la cifra estelar,
imagen de la imagen,
un canto que sólo sabe cantar
al canto
y se sube a la luz de la esperanza
por su enorme poder de rendición.

Hay animales que buscan la lluvia,
pasos perdidos que buscan la lluvia
del Sur,
gentes del Norte en busca de calor,
gentes de Oriente que buscan el Occidente
y occidentales que sucumben
a la enorme fascinación de Oriente;
hombres bajos que buscan las alturas,

pueblos enteros
que buscan la riqueza
en las profundidades de la tierra,
porque nadie quiere apacentar soledades.

El inicio se debe al fin,
el Sur al Sur
y la noche tan sólo
a la prolongada insistencia
de la madrugada; ambas por ser la senda
que amamanta la cabellera de la luna,
pero nada se puede equiparar
a la senda construida con el último rayo
que va hacia la penumbra,
hacia la sustancia de las aves nocturnas y la luna.

En el camino
la flor de lo que nunca vi:

no vuelven los caminos idos al andar,
pero sí que pueden volver al labio las palabras,
que son yesca, pabilo
de ese cuerpo otro
que va creciendo, un paso
después de otro paso,
dentro de nuestro adentro.

Podemos llamar al otro con nombre ajeno
—de hecho, siempre lo estamos haciendo—
pero ello no nos concede potestad alguna
para abatir lo que ya está escrito
en clave de ausencia y cuya planilla
tan sólo el bautizado puede ir llenando
con esa mala letra que es su invento,
alfa y omega de su nombre ajeno.

I

Cuatro sentencias,
breviario inexacto de lo que somos,
que anidan sin ardor
en la superficie plácida de la superficie,
detrás de la sonrisa.

II

Todo sucede
allí adentro,
en el hueso del alma.

III

Carne en tránsito: eso somos.

IV

La palabra *esperanza* tiene
algo de urgencia,
un fondo de desvelo,
un haz
que no es de calma placidez
y sin embargo la llamamos *esperanza*.

I

Luna, presencia,
hueso tácito de la noche
que desde lejos
nos acompaña.

II

La luna llena,
aun en su plenitud siempre a punto
de la extinción.

Pero vuelve a brillar,
perenne,
en nuestra espera
siempre atenta a verla brillar.

III

Hueso menguante,
la luna,
su luz cambiante
es presencia constante
aun en luna nueva,
su fase misteriosa
que detrás de la carne de la noche
es siempre compañía,
ojo de alguien o de algo,

luminiscencia de un destello
que siempre está.

IV

La luna,
«un náufrago sin mar,
sin playa»,
carente de viajero,
espolón donde alguien nos espera.

V

La luna es siempre
desvelo,
sempiterna esperanza,
urgencia,
necesidad,
ojo solar de cada noche,
consuelo
que nos promete un mañana
que se sucede hasta el infinito.

VI

La luna,
lugar donde la noche oscura
y los viajeros solitarios
observan la esperanza,
la noche insomne;

en ella
la noche es celda sin condena
por donde van, oscuros,
bajo la solitaria noche
por la sombra y su reino,
palabras de «un día volveré».

Su brillo son palabras que escuchamos
pronunciadas por nadie,
canto elemental de toda memoria.

El que cierra la puerta tras de sí
y parte en busca del camino
dispersa los guijarros del regreso
y sin embargo puede
campar a sus anchas con algo de dolor
enfilar hacia un primer plato
de libertad, un atajo hacia su espejismo.

Quien se queda aprovecha
la temida paz del cordero
y en nombre de la víctima
se desgañita,
sale corriendo
pero queda igual con las manos
hundidas en fango de libertad.

Cuando nos llegue la muerte
todo habrá sido en nombre de la esperanza:

Tantas palabras, tanta gente
que se pasea
bajo los árboles.

«Tus ángeles son de papel
–metáfora del sueño,
metáfora de la esperanza–
y se deben al puntual vaivén del aplauso,
al viento que no deja progresar»,
dice el auriga.

Entre cantos baldíos
donde nace el pregón
que inerme anuncia:

cuando nos llegue la muerte
todo habrá sido en nombre de la esperanza.

En la llama de los dedos

Fuego sin ley, la noche.

Tal vez los poemas están escritos
con la memoria del futuro.

Cada mañana leo alguno
entre la madrugada somnolienta
y el sueño de la vida.

Es allí donde se construye,
sobre la huella del deseo,
esa imagen que no alcanzámos
a aferrar del todo,
de lo que la noche le cuenta al día.

Diandras, azucenas, flores de la pureza,
lo bello que los ángeles nocturnos
sostienen en el limbo
de lo que no se puede predecir.

Escribo la palabra *paraíso*
como quien escribe con todo el cuerpo
apoyado en la mano
que escribe,
ignorando que imita

al picaflor y su agitada
quietud.

Escribir muchas veces
era beber a grandes sorbos
del vaso de tu ausencia.

Ahora esa palabra es carne
que se consume en ti
valiéndose de la sed de mis manos.

Tantas palabras tiene un libro,
tantas extremidades,
que sin pensarlo
abarca el universo.

No son tan sólo
sus garabatos y su historia
sino también las manos
que lo sujetan,
los ojos que lo leen,
o los pies que lo llevan
de una estantería hasta el sofá.

El sol que ilumina sus páginas,
las hojas de los árboles que van cayendo
cuando alguien lo lee
en parques y jardines.

Tantas palabras, tanta gente
que se pasea bajo los árboles.

Como libélula o mariposa
nocturna, la mano sobre el papel,
de tajante grafito la escritura
arrastra siempre luces y bengalas,
aunque su pensamiento es siempre nocturno.

Hoy crecen flores de lento retoño.

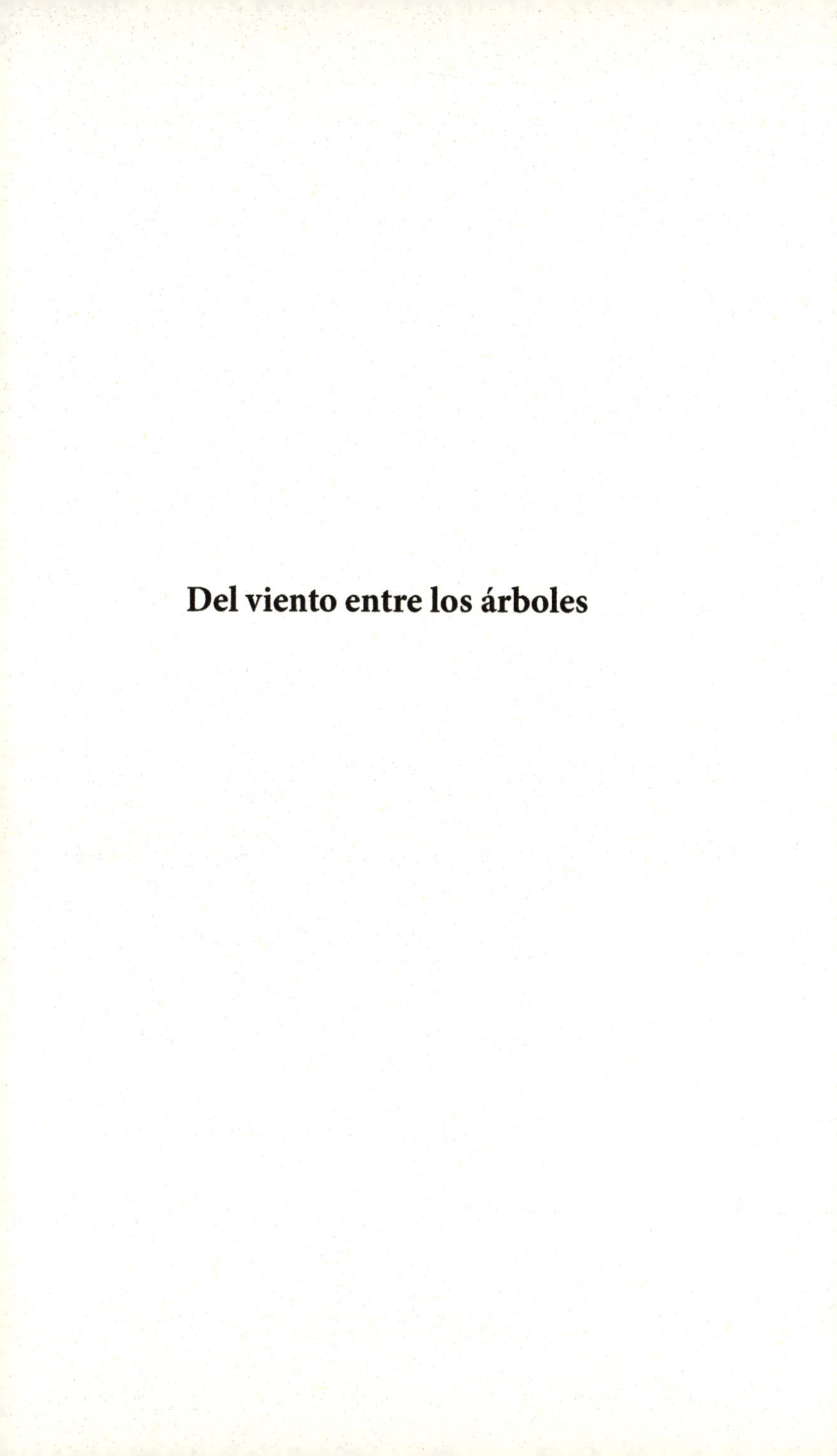

Del viento entre los árboles

Como siempre, la música.

Cuatro permanencias visitan mi argumento.
La noche detenida en muros de bahareque,
la ouija al centro de una alegre austeridad
y luciérnagas que tañen la noche
de una casa colonial.

Cuatro permanencias que fijan un destino
y perduran como noche insomne
ante chimeneas que huelen a resina:
la tierra negra de los Andes perpetúa
su cálida luz en la placidez de la neblina.

Cuatro permanencias que ya no tienen nombre
pero otorgan la densidad a los recuerdos
y es flor nocturna alrededor de una hoguera:
el abuelo que nos consume en el enigma
de sus cuentos de campo y espectros al alba.

Bien puede esperar el relámpago su nada
porque en mi adentro me guarecen cuatro permanencias
ligadas a la noche de verano en la montaña,
a la noche insomne de bahareques nocturnos,
a los paseos que tenían al río bajo sus pies
y en ellos despertaba el primer erotismo
en forma de caricia, beso o roce.

Cuatro permanencias que arropan a la radio
Blau Punkt en horas de la madrugada
al cobijo de mi abuela materna,
una vieja radio alemana con ojo encendido
de cíclope por dial que sintoniza
músicas de antaño que competían
con las noticias escabrosas
de un mundo que ante mí se despertaba.

Soy el día, y el viento
levanta sus ramajes
a orillas de mis cuatro puntos cardinales.

¡Con cuánta pasión vivimos la vanidad
de nuestras vidas!
¿Es acaso la única salida
entre las dos eternidades
que envuelven nuestros días
en esta tierra calcinada
por siglos de palabras,
por siglos de otras vidas,
por siglos de ayes, suspiros y alegrías?

Bien puede esperar el relámpago su nada.

Cuatro permanencias que no son inventario
ni pueden serlo
pero que son parte de la luz de mi lámpara,
de mis horas ante el libro, lápiz en mano.

No son inventario ni pueden serlo,
decía,
porque una se solapa sobre la otra
y así casi hasta el infinito.
La una se esconde sobre la otra,
hasta que la mano descubre
que una sobre otra
son la vida y la voz que la enumera.

Cuatro permanencias visitan mi argumento,
helecho, musgo o lianas de los campos
que acompañan como último verde
el rayo postrero que anuncia
el final de la tarde
y anuncia la noche que llega.

Cuatro permanencias visitan mi argumento
y por eso puedo afirmar
que bien puede esperar
el omnipresente relámpago
su nada.

Palabras rotas
que enardecen la cólera del padre,
banderas olvidadas por el viento
entre soledades y abrojos
en donde no crecen siquiera
retazos de lento crecimiento,
ni los rubios destellos de un sol gualdo.

Pero todo en el aire es pájaro
e incluso ave de rapiña a un mismo tiempo,
haciendo que junto a tormentas que preceden
marejadas, banderas de asta baja
pervive también la placidez de ventana
abierta al mar, guijarros encendidos
en la mano del niño absorto,
playas en donde hallar
trozos de macetas rotas como un jarrón etrusco.

Todo en el aire es pájaro

Se cuenta la leyenda
donde se amasa la primera
masa del día.

Nada por aquí, nada por allá.
¿Cómo descansar de lo inútil
del viaje?

Instrumento de aire:
el agua sobre el agua
de las olas del mar.

Poco más se puede decir
acerca de la eternidad.

Ilegible la diferencia
entre una mañana
y la siguiente

y sin embargo

la suma de una detrás de otra
da los colores y los tonos
de aquello que llamamos *vida*.

No voltear jamás la página:
hacerse presente perpetuo
al igual que todo poema
que logra la eternidad de lo efímero.

No existe otro aquí
tampoco un más allá.

Es la inmanencia del papel
la piel obtusa del aquí y ahora
que se escurre entre las entrañas
de este poema;
porque todo poema es bello
cuanto efímero su pelaje.

Nadie nos dice y sin embargo
en medio de la página menos pensada
aparece la luz,
un sueño que precede
a todos los demás

«quemadura de sal
en que se nace».

Una isla entre árboles paternos
el brevo
pariente americano de la higuera

también el papayuelo afeminado
en su perfume

tomate de árbol
alto en la rama
agridulce en el paladar

el uchuvero
y la uchúa en su capullo
ojo amarillo incandescente
que es poco más que arbusto

muere en nosotros un día de invierno
sin aspavientos, ávido y ruidoso
llega de pronto el día
que es todo canícula y sol sin término

la primavera es breve
a ambos lados del camino.

Descubres que tú eres
la luz
que tú eres el cielo
y que aferrado a la lisura del lápiz
puedes estudiar la rugosidad
del mundo:

alguien escribe
con las palabras de la noche.

El movimiento de una flor inmensa
sin nombre; apenas los labios
que mueven el aire, el lápiz
que se desgrana sobre el blanco
de una página que nunca está en blanco.

Ellas brindaban orden y cadencia
al tejido tórrido del verano;

eran puntos suspensivos en movimiento
una larga procesión de ingenieros
llevando luz
al fondo de la tierra;

eran diminutas en su desfile
pero enormes en sus obras
ataviando los caminos de cobre
o del negro acerado,
todo él brillo y queratina.

La hache inicial de su nombre
hace de la hormiga un silencioso
obrero,
capaz de cargar cualquier estructura
con la fuerza de su mudez.

Voy gozoso a la tierra
de la que me he de alzar
con oro entre las manos.
ÁNGEL CRESPO

Ella brilla primero
y años después
resplandece ante la mirada
de un lejano visitante
que viene del futuro.

Sus tres sílabas dan apenas
el fulgor que marca su desaparición.

Pero la estrella
no sabe del presente
porque su muerte vive en el futuro
y su presencia no es estar
sino un definitivo «he sido».

¿Tendrá el humano
vocación de estrella?

Ni siquiera la piedra,
con las carnes de eternidad
sobre su lomo,
puede decir:
«yo soy por siempre».

Llega la estación con sus alaridos
de todos los colores

incluso con la sed
en todas las palabras.

Al igual que los grillos
cuando la medianoche
moría
el ser humano
callaba.
Era la flor nocturna
del canto.

Pero en mi tiempo
hablar del canto o de la noche
es chirriar de locura
como quien orina contra un muro de gracia.

Hemos cerrado el libro de la noche
todavía con páginas en blanco.

Gracias al canto
por fin alguien comprende
lo que de nosotros calla la noche.

¿Qué mano teje
la flor nocturna
que durante la noche
transcribe en letras de cristal
la carne herida de nuestro deseo?

Un agua distinta, un agua solitaria
nos abreva como a un mamífero
venido de las sombras,
nos enseña a leer
en la página oscura
del día, y sin embargo
de sus palabras nada permanece.

¿Qué fruto de ámbar y de perfume
cruza a hurtadillas
bajo la hiedra azul
en donde nace la palabra?

Mitad oro, mitad tiniebla
siempre queremos recordar

qué música nos llama
desde la raíz primitiva
que nos enseña a decir la palabra
azul cobalto
materia viva de los sueños.

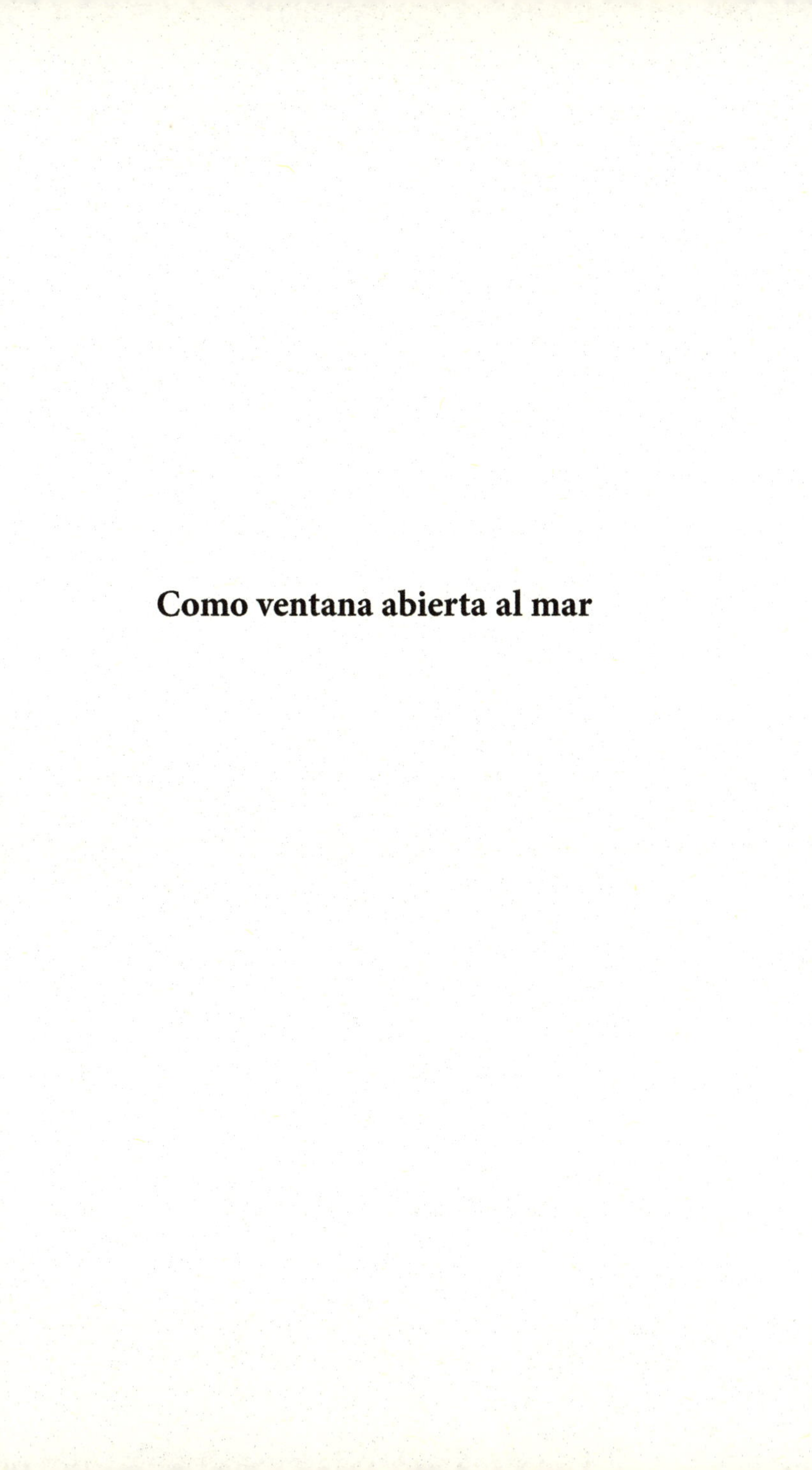

Como ventana abierta al mar

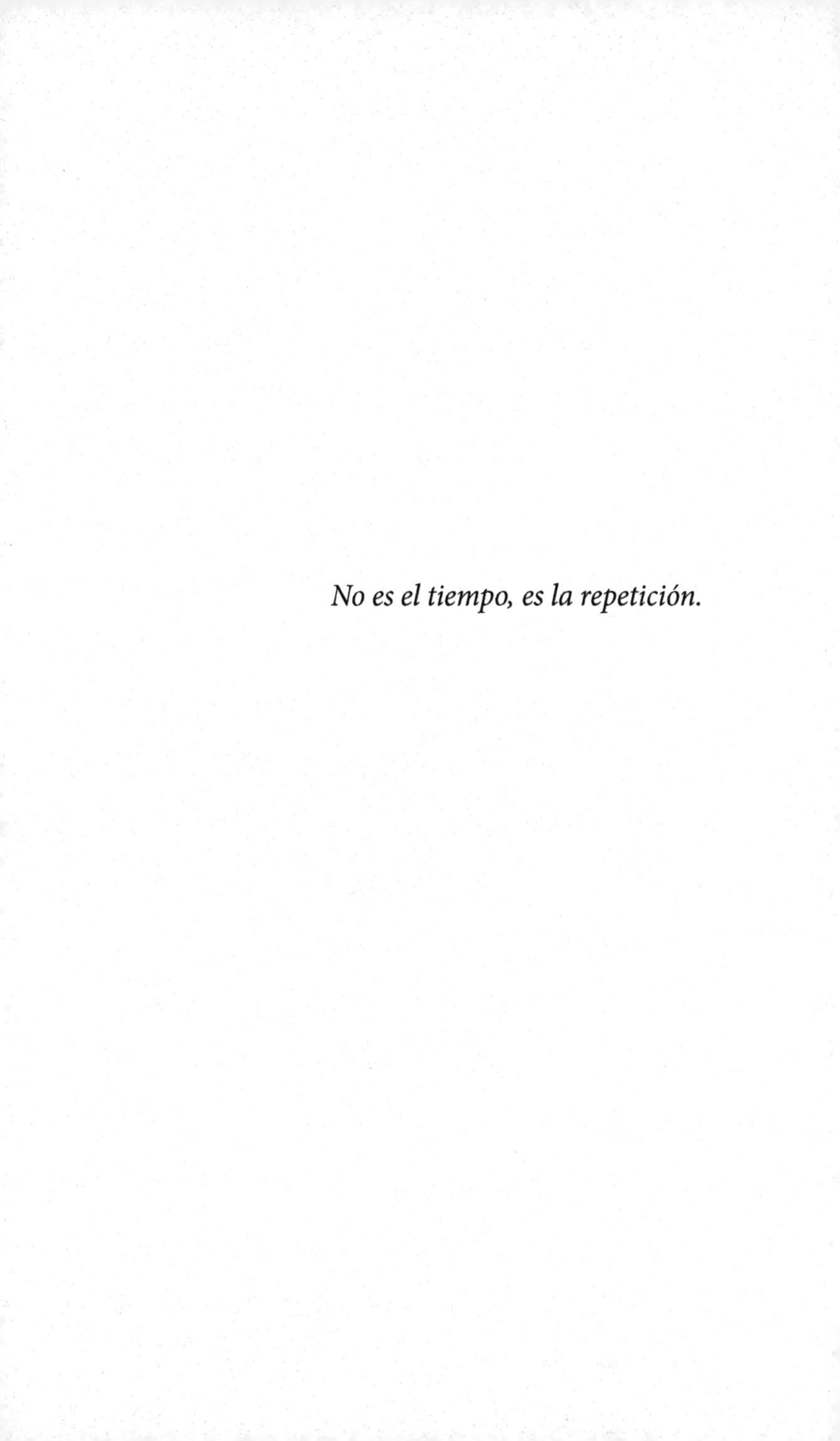

No es el tiempo, es la repetición.

Libres y bellos, además de injustos,
somos todos los habitantes del jardín
que cada día se debe podar.

De cuerpos que transcurren,
de volutas de nube
discurre sin sorna este poema
que abre sus puertas
sobre las orillas del mundo.

Hablo de ti, mi falso doble,
imagen reflejada en el espejo
de mi cuarto de baño enajenado,
de ti, que eres más real
que mi yo de carne y de huesos
que nunca logra por completo
verse de cuerpo entero
aunque se sabe sólo gracias a tu ayuda,
tú, incierto ídolo inerte.

Tu ojo que no observa
pero que es conciencia de sí,
que te ve con sorpresa,
que te contempla altivo
aunque te guarda gran aprecio
y te atribuye por completo
su enorme vanidad de canto ciego.

Eres el amor imposible
de una pareja por siempre inerte,
luna menguante que supone
tu sino del aire que nos circunda
al igual que alguien después de haber amado.

A ti te quiero regalar,
en ti quiero erguir mis palabras
que algún día te serán monumento,
a ti las palabras de viento
a ti que todas las mañanas te dedico,
mucho antes de imaginar
que empieza el día
esta canción de amor
a un desconocido;

sea yo la leña de la que arde
en la página del mañana
de sangre acorralada
para que no se pueda escapar la vida
que desde el pasado te escribe.

La fuerza del verano
vive en mí y vuelve siempre por los sentidos
con la fuerza del amor clandestino.

Hubo el primer cigarrillo escondido
entre las faldas de la medianoche
un beso, también a hurtadillas,
y su mano con más sabiduría
de la que había en mi mano me enseñó,
en su pálpito, humedades tibias.

Para que, en clave de astro,
yo le pusiera nombre.

Heredamos los nombres
y las palabras

nos bautizan con nombre
de otro
pero con el tiempo vamos poblando
un espacio sin nombre
que es sólo de nosotros

vemos su nombre extraño
y vamos
poco a poco haciéndolo nuestro
hasta decir
«esta palabra existe»
«esta palabra es mía».

De lo que precede al poema

No es la vida, es la página en blanco
a la espera de la mano que escribe.

Inspiración y oficio
acompañan al verso;

la una viene de regalo,
pero al otro sólo llegamos
con el paso del lápiz
sobre lo blanco del papel.

Ella se acerca cuando quiere,
él es puntual como un banquero;

él suma
moneda tras moneda,
ella en cambio derrocha
incluso cuando nada tiene.

Después del recorrido
ambos se deben encontrar
en medio del camino
como dos dioses de silencio
y de canto ataviadas.

Corres hacia otra luz
en otro río encontrarás la calma
y desperdicias
las horas, los renglones
en una vía por definición inútil.

Devuelve tus horas insomnes
a quien te las pueda restituir
por el abrazo a la vida que tienes.

Porque no es otra la máscara obtusa
de la vida que quieres
y encuentras a la mano.

Desea lo imposible
para que gire el deseo nocturno
a plena luz del día.

A mis paisajes
lejanos
concedo un don de eternidad.

I

Jardín ardiente en cuyo centro
permanece fugaz
el paso de la flor.

II

La imagen y el espejo,
dos caras, la misma moneda.

III

Soñar y ver
son la misma familia del poema
y sin embargo
nada se cuece fuera del poema;

antifaz que desmiente
cómo la vida y la escritura
son parientes de un mismo sueño.

IV

Al igual que los niños
quiero ver en las nubes
un auspicio dictado por los cielos.

V

Lo que nos convoca al sueño de la escritura
debe ser calco del deseo:
no se suma realidad sobre realidad
a menos que no se quiera soñar
sin lumbre el sueño ajeno.

¿A quién pedir consejo
para que la palabra
de la escritura
se convierta en espejo del deseo?

Cuáles sílabas emplear
para que la carencia deje una rendija
libre entre lo que viene
y lo que no seremos.

Abre los ojos.
Mira hacia la ventana.

Cuatro preguntas:

¿Cómo caía el aguacero
sobre sus predios?

¿Cómo descendían los relámpagos por el viento?

¿Cómo apilar viejos paisajes
sobre la luz del paisaje de ahora?

¿Dónde el amasijo de los recuerdos?

Por su fuego imprevisto
por la cólera que ahora las habita
al éxtasis responden
con palabras de aliento huérfano

y sin embargo son casa habitada.

Dicen que son dos los caminos
que dibujan los destinos posibles:

uno que nace de la acción,
carente de sosiego,
y otro impávido de contemplación;

pero yo busco la tercera vía,
la que quiere correr a la velocidad del viento
y al mismo tiempo contemplar

y con su levadura
destilar la materia del poema.

Somos tres dentro de una misma horma:
el que fue, el que sigue siendo
y el que ahora está a punto de ser.

Dos caras tiene
la moneda del agua;

entre el hielo y la nube,
entre el río que se despide
es esa laguna que permanece;

posee innumerables rostros
y no es fiel a ninguno.

Mano de agua de la vida
que nos das el principio
y también el final;

naces y mueres
con nuestros pasos dentro;

eres tirano poderoso
y ciervo oscuro

pero no hay parte alguna
de tu cauce en eterno movimiento
que sea igual
al rostro tuyo verdadero.

Los Mangos,
así se llamaba la finca
con la que mis manos a veces
aún siguen nombrando al verano.

Sus manos encienden las tardes de canícula
con un sol arrasador de los trópicos
adornado con la música ciega
de la caída muda
de frutos con destellos
que van desde el bermellón encendido
hasta las tintas de óxido del gualdo:

enormes frutos que caían
y que siguen adornando la tarde.

Negra era la noche bajo sus estrellas,
pero el vuelo de los murciélagos hambrientos
daban espesor a la oscuridad;

con su vuelo era un pozo sin fondo
la noche.

Los muros de la casa
eran espejo del jardín.

Cuatro árboles gigantes de mango
formaban el salón de las hamacas
a la intemperie del jardín,
en el patio frondoso
alfombrado con la grava fluvial
del lecho tórrido del río Sumapaz;

casa de campo, de tierra caliente
que no tiene muros externos
porque la casa era y sigue siendo
una extensión del jardín y su poza cristalina.

Bajo la fronda de esos mangos
yo pude amar insectos prodigiosos,
desde la libélula de alas transparentes
en ese vuelo de cristal,
precioso hasta la asfixia,
y las hormigas porteadoras
hechas con el acero oscuro
de luna nueva,
o con el óxido pulido
de la herida del hierro;

aprendí que el tiempo
es también páginas y páginas
en que se aguanta la respiración
para no distraer al mundo
de su ensimismada labor:

la espera es el único fruto
que de verdad florece
del ser humano y de su entraña.

Hoy mi mano con su lápiz despierta esa casa
casi dolorosa en su imagen
de claridad tan suya
y al despuntar del día
mi lápiz la ha vuelto a llamar.

Un nombre que al decirse
se consume como una llama,

una herencia que permanece:
el agua que se va
aunque su cauce siga perdurando

la estrella que caduca
pero su luz nos deja;

la llama que perece
pero nos deja sus pavesas.

Convertir en vida todo lo que transcurre
atándolo a la raíz del agua;

darle una vida duradera
a su existencia transitoria y breve
en el trazo de la palabra;

tomar prestada
la flor, su viva luz;

arder en viva hoguera
y en el rescoldo lento
de fin de hoguera

pero arder siempre

huir hacia su intacto fondo.

Editorial Comba

20. Tomás Browne
    Silbar los viajes
21. Tatiana Goransky
    Fade out
22. Karla Suárez
    El hijo del héroe
23. Daniel Mella
    El hermano mayor
24. Daniel Mella
    Lava
25. Miki Naranja
    Palabras de perdiz
26. Esmeralda Berbel
    Irse
27. Jimena Néspolo
    Las cuatro patas del amor
28. Juan Villa
    Voces de La Vera
29. Silvia Eugenia Castillero
    Eloísa
30. Karla Suárez
    Habana año cero
31. Jordi Dalmau y Lidia Górriz
    El lanzador de libros
32. Osías Stutman
    Mis vidas galantes
33. Rosario Izquierdo
    El hijo zurdo
34. Daniel Mella
    Trilogía del dolor
35. Miguel de Unamuno y Joan Maragall
    Epistolario
36. Juan Bautista Durán
    Tantas cosas dicen
37. Rosa Chacel
    La confesión
38. Rosario Izquierdo
    Lejana y rosa
39. Flavia Company
    Dame placer
40. Esmeralda Berbel
    Habitarlo todo seguido de *Calma corazón, calma*
41. Miguel Ángel González
    Un nublao de tiniebla y pedernal
42. Flavia Company
    La dimensión del deseo por metros cuadrados
43. J. Villa, C. Ternicier, K. Suárez, A. Santamaría, A. Mayo, M.A. González, E. Escobar Ulloa, J.B. Durán

De la solastalgia. Ocho relatos naturales

44. Andrea Mayo
La planta carnívora

45. Ricardo Martínez Llorca
El viento y la semilla

46. Valentina Marchant
El reverso del agua

47. Juan Manuel Zurita Soto
Arauco

48. Osías Stutman
El mar de Bohemia. Poesías completas 2003-2022

49. Ana Santamaría
Libres

50. Andrea Jeftanovic
Geografía de la lengua

51. Juan Villa
Mal tiempo

52. Flavia Company
Melalcor

53. Ernesto Escobar Ulloa
Horizonte tardío

54. Esmeralda Berbel
Así es el juego

55. Fernando del Castillo
La individualidad como motor oculto de la historia

56. Juan Manuel Zurita
This is Music o Historia particular de un infame

57. Jesús Martínez
El peso

58. Ximena López Bustamente
Sombra celeste

59. Miguel Á. González
El chico que ganaba todos los premios

60. Luis Noriega
La puerta de la felicidad

61. Rafael Coiro Font
Nuestro consuelo

62. Karla Suárez
Objetos perdidos

63. Juan Pablo Roa Delgado
De algún metal en llamas